Bernhard

Nähen Sie ihn einfach selbst

(I. + B. Münch)

Bibliografische Information Nationalbibliothek
Die Deutsche Nationalbibliothek verzeichnet diese Pub-
likation in der Deutschen Nationalbiografie; detaillierte
bibliografische Daten sind im Internet über
http://dnb.d-nb.de abrufbar.

© 2009
Schnittmuster: Inge Münch
Bild: Bernd Münch
Text: Bernd Münch
Herstellung und Verlag: Book on Demand, GmbH,
Norderstedt
ISBN: 9783839125847

Inhalt

Bernhard

Bernhard

Das Vorwort

Nachdem ich zunächst einige Teddys nach anderen Schnittmustern genäht habe, wollte ich endlich einen eigenen Bär kreieren. Dabei entstand Bernhard. Er ist ca. 22 cm groß. Bernhard hat am 19.07.2009 das Licht der Welt erblickt.

Mit dieser Beschreibung gelingt es Ihnen im Handrumdrehen, Ihrem eigenen kleinen Bernhard das Licht der Welt erblicken zu lassen. Bitte lesen Sie erst die Beschreibung durch bevor Sie beginnen. Wir haben versucht die Beschreibung auch für nicht so sehr Geübte verständlich zu formulieren. Die Verwendung des Buches und des Schnittmusters ist nur für den privaten Gebrauch vorgesehen.

Ich wünsche Ihnen viel Spaß beim Nachnähen. Die Freude Ihrer Kinder oder Enkel wird Ihnen schon jetzt Gewiss sein. Auf Grund der diversen Kleinteile sollten Sie Bernhard nicht an Kleinkinder verschenken.

Inge Münch

Bernhard

Die Materialien

Folgende Materialien brauchen Sie für die Herstellung. Wenn Sie alles abgehakt haben, können wir loslegen.

Körper/Kopf

- ☐ Mohair hellgrau 25 x 60 cm;
- ☐ Florlänge 20 mm

Pfotenstoff

- ☐ schwarz 12 x 12 cm

Gelenkscheiben

- ☐ 2x Ø 25 mm (Kopf)
- ☐ 4x Ø 20 mm (Beine)
- ☐ 4x Ø 15 mm (Arme)
- ☐ 5x T-Kopfsplinte 3,2 mm x 32 mm
- ☐ 10x Unterlegscheiben (Außen Ø19 mm; Innen Ø5mm)

Füllwatte

- ☐ ca. 150 Gramm

Bernhard

Granulat

- ☐ 20 Gramm (Füße + Pfoten) Kunststoff; (alternativ Stahl- oder Mineralgranualt)

Glasaugen

- ☐ schwarz Ø 8mm (1Paar)

Sonstiges

- ☐ einen starken, reißfesten Zwirn
- ☐ schwarzes Nasengarn und
- ☐ Nähgarn in Stofffarbe

Werkzeuge

Folgende Werkzeuge benötigen Sie:

- ☐ kleine spitze Schere
- ☐ Splintdreher
- ☐ lange Nadel
- ☐ Stecknadeln
- ☑ Nähmaschine oder per Hand zu nähen

Bernhard

Das Vorbereiten

Zu Beginn sind die Schnittmusterteile auszu-
schneiden und auf Pappe zu übertragen. Alternativ können Sie die Seite komplett heraus trennen
und anschließend laminieren. Wenn Sie nun die
einzelnen Teile ausschneiden, erhalten Sie zunächst die ersten Schnittmuster für Bernhard.
Auf einigen Teilen ist vermerkt, dass eine sog.
gegengleiche Schablone benötigt wird. Dies be-
deutet, dass Sie das jeweilige Schnittmuster einmal rechts und einmal linksseitig auf den Stoff
auflegen. Diese dient letztlich als Gegenstück.
Auf dem Musterbogen ist z.B. nur das linke Bein
abgebildet. Für das rechte Bein benötigen Sie die
beiden Beinschablonen als gegengleiche Teile.

Beim Aufzeichnen genügend Platz zwischen den
einzelnen Schablonen lassen. Bitte auch darauf
achten, dass Sie 5 mm Nahtzugabe um die einzelnen Schnittmuster berücksichtigen.

Die Schnittmusterschablonen legen Sie auf die
Rückseite des Mohairstoffes und zeichnen diese
mit einem Stoffmalstift (alternativ ein anderer
wasserfester Wäschezeichenstift oder Filzstift)

Bernhard

auf. Hierbei sind auch die Markierungen (die sog. Passzeichen) für das Zusammensetzen wichtig.

Auf einigen Schnittmustern ist ein Pfeil aufgezeichnet. Dieser zeigt die Florrichtung an. Beim Auflegen der Schablone muss der Pfeil in die gleiche Richtung wie die Haarrichtung des Mohairstoffes (die Florrichtung) zeigen.
Die Schnittmuster ohne Pfeil sind die Pfoten und Sohlen des Teddys. Hierfür verwenden Sie den Pfotenstoff.

Nach dem alle Schnittmusterteile aufgemalt sind, beginnt das Ausschneiden. Dafür benutzen Sie eine scharfe, spitze Schere. Achten Sie dabei darauf, dass der Flor nicht zerschnitten wird! Beim Ausschneiden der Teile bitte auch darauf achten, dass Sie die 5 mm Nahtzugabe berücksichtigen, also nicht direkt am Strich entlang ausschneiden.

Bernhard

Das Nähen

Für das weitere Vorgehen ist es wichtig, dass Sie immer alle Teile Flor auf Flor legen („rechts auf rechts"). Jede Naht sollten Sie zunächst mit Stecknadeln stecken. Dabei sind die Florhaare sorgfältig nach innen zu schieben.
Beim Wenden möglichst kein Werkzeug verwenden. Dadurch könnten Sie den Teddy beschädigen.

Der Kopf

Den Flor der ausgeschnittenen Kopfseitenteile und des Kopfmittelteiles im Bereich der schraffierten Fläche auf dem Schnittmuster mit einer scharfen Schere ganz kurz schneiden. Dies ist der spätere Schnauzenbereich.
Dann die Kopfseitenteile rechts auf rechts (Flor auf Flor) legen. Dabei ist darauf zu achten, dass die Punkte A bis D jeweils aufeinander liegen. Die Kinnnaht von der Nasenspitze (Punkt A) bis zum Hals nähen (Punkt D).
Jetzt wird das Kopfmittelteil zwischen die Seitenteile eingefügt. Verbinden Sie die Punkte A, B und C jeweils mit den gleichen Punkten der Kopfseitenteile. Beginnen Sie mit dem Nähen an der Nasenspitze (Punkt A) und fahren über die

Bernhard

Punkte B bis C fort. Auf die gleiche Weise verfahren Sie mit der zweiten gegenüberliegenden Naht.

Die untere gerade Kante des Kopfes noch nicht zu nähen. Den fertigen Kopf wenden.

Die Ohren

Die Ohrenteile rechts auf rechts legen und zusammennähen. Die geraden Kanten offen lassen und die Ohren wenden.

Der Körper

An den Körperteilen sind zunächst jeweils die beiden „Abnäher" am oberen und unteren Ende zu schließen. D.h. die beiden V-förmigen Ausschnitte werden entlang der Linien des „V" zusammen genäht. Dadurch entsteht eine gewisse Wölbung am oberen und unteren Ende des Körperteiles.

Die zwei entstandenen Teile rechts auf rechts legen und ringsherum zusammen nähen. Bitte beachten Sie die Stopföffnung. Diese ist offen zu lassen.

Zum Abschluss wenden Sie den Körper.

Die Arme

Zunächst die Pfoten an die Innenarme nähen. Dazu werden jeweils die Punkte G und H der

Bernhard

Pfoten und Arminnenteile miteinander vernäht.
Dann die Innenarme rechts auf rechts auf die Au-
ßenarme legen und die beiden Armteile zusammennähen.
Die Stopföffnung an der Armrückseite noch nicht
vernähen. Die beiden Arme wenden.

Die Beine

Je ein rechtes und linkes Beinteil rechts auf rechts
aufeinander legen und beginnend am Punkt E in
Richtung Punkt F rundherum zusammennähen.
Dabei sind zunächst die Sohlen und die Stopföff-
nung frei zu lassen.
Die Sohlen werden mit Stecknadeln eingesetzt
und angenäht. Dabei werden jeweils die Punkte E
und F der Sohle und des Beines zusammengefügt.
Nähen Sie von Punkt E zu F und wieder zu Punkt
E. Jetzt werden die Beine gewendet.

Bernhard

Das Zusammensetzen

Der Kopf

Das Stopfen des Kopfes beginnen Sie mit der Nase. Die Watte wird in kleinen Portionen fest hinein geschoben. Dabei wird der Kopf rund geformt. Achten Sie darauf den Kopf fest zu stopfen. Dies ist die Grundlage für eine schöne Kopfform und vereinfacht das Aufsticken der Nase.

Verwenden Sie auch bei den anderen Körperteilen immer kleinere Portionen Füllwatte zum Stopfen. Dadurch werden die einzelnen Teile gleichmäßig und glatt.

Nach dem Stopfen wird das Kopfgelenk eingesetzt. Der Splint ist durch die Unterlegscheibe (Metall) und die Gelenkscheibe zu stecken. Diesen Teil des Gelenkes so am unteren Teil des Kopfes einsetzen, dass die Spitze des Splintes herausschaut. Diese wird später mit dem zweiten Teil des Gelenkes im Körper verbunden. Die Öffnung am unteren Kopfende, in dem sich das Gelenk befindet, mit einem starken, reißfesten Zwirn einreihen. Hierbei wird der Kräuselstich

Bernhard

angewandt. Fest zu ziehen, so dass nur der Splint herausschaut. Den Faden gut vernähen.

Die Arme

Zunächst die Pfoten des Armes mit einem Teil des Granulates füllen. Für das spätere Armgelenk ist mit einer spitzen Schere an der Markierung ein Loch zu stechen.
Durch die Löcher von innen den Splint mit einer Unterleg- und Gelenkscheibe schieben, so dass auf der Außenseite nur der Splint sichtbar ist. Den ganzen Arm sorgfältig und fest mit jeweils kleinen Portionen Füllwatte stopfen und die Stopföffnung im Matratzenstich schließen.

Die Beine

Einen weiteren Teil des Granulates füllen Sie bei den Beinen zunächst in die Füße. Dies sorgt für einen festen Stand. Alternativ können Sie hier auch Stahlgranulat verwenden. Für das Gelenk den Splint mit einer Metall- und Gelenkscheibe so durch die Markierung im Innenbein stecken, dass auf der Außenseite nur der Splint heraus schaut. Evtl. vorab mit einer spitzen Schere ein Loch an dieser Stelle stechen.
Achten Sie darauf, dass ein rechtes und ein linkes Bein entsteht. Die ganzen Beine stopfen und die Stopföffnung mit dem Matratzenstich zu nähen.

Bernhard

Den Kopf mittig an der oberen Seite in den Körper stecken. Dabei auf die Naht achten. Dann die Gelenk- und Metallscheibe von innen auf den Splint aufsetzen. Jetzt wird der Splint beidseitig zur Schnecke gedreht. Dies ist wichtig, damit später keine spitzen Metallteile nach außen durch stechen. Dies würde den Teddy schädigen und zu Verletzungen führen.

Mit den Armen und Beinen verfahren Sie genauso. Die Splinte durch die jeweilige Öffnung im Körper stecken und von innen mit einer Gelenk- und Metallscheibe befestigen. Auch hier den Splint beidseitig zur Schnecke drehen.

Die Splinte dabei immer fest anziehen. Beim Stopfen verlieren sie an Spannung. Sind alle Glieder montiert, füllen Sie den Körper mit Watte und nähen die Rückennaht zu.

Die Ohren und Augen

Die Ohren mit Stecknadeln am Kopf befestigen. Auf diesem Weg ermitteln Sie zunächst eine gute Position. Wenn diese gefunden ist, nähen Sie die Ohren mit dem Matratzenstich fest.

Bernhard

Mit den Augen verfahren Sie genauso. Zunächst wird mit Nadeln die schönste Position ermittelt. Zum Einsetzen der Augen fädeln Sie ein Auge auf Zwirn und stechen mit einer langen Puppennadel in die Augenposition. Die Nadel am Genick des Bären, knapp über der Halsgelenkscheibe, austreten und den Faden lose hängen lassen. Mit dem zweiten Auge verfahren Sie genauso. Dabei ist darauf zu achten, dass man knapp neben der anderen Ausstichstelle herauskommt. Gefällt Ihnen der Blick von Bernhard, stechen Sie an den Stellen mit der spitzen Schere ein kleines Loch. Dann drücken Sie die Ösen der Augen etwas flach. Dabei verbleibt der Faden in den Ösen. Auf diese Weise gelingt es Ihnen einfacher die Augen zu befestigen.

Die beiden Fäden an der Rückseite gleichmäßig stramm ziehen. Dabei verschwinden die Ösen im Fell. Dadurch entstehen kleine Augenhöhlen. Wenn Bernhard jetzt den richtigen Gesichtsausdruck hat, verknoten und vernähen Sie die Fäden gut.

Nase und Mund

Jetzt fehlen nur noch die Nase und das verschmitzte Grinsen. Beides wird mit feinem Perlgarn aufgestickt. Verwenden Sie ein langes Stück reißfestes Garn auf einer langen Nadel. Beginnen

Bernhard

Sie die Nase an der breiten Stelle oben. Es wird mehrmals von rechts nach links an der Nasenspitze gestochen. Die Stiche nahe beieinander setzen und allmählich kürzer werden, damit sich ein Dreieck bildet. Dabei den Faden immer wieder leicht anziehen.

Für den Mund wird der Faden an der unteren Spitze der Nase nach unten hin mit zwei bis drei Stichen fortgeführt und am unteren Ende mit einigen Stichen im runden Bogen der Mund gestickt. Dadurch entsteht ein Lächeln.

Bernhard

Der Musterbogen

Der auf den nächsten Seiten abgebildete Schnittmusterbogen ist 1:1 für den ca. 22cm großen Bernhard zu verwenden.

Es sind auch die gegengleichen Teile mit aufgeführt. Wir haben es durch ein einfaches Spiegeln des Schnittmusterbogens erreicht. Dadurch ist das Kopfmittelteil doppelt enthalten. Dies wird nur einmal benötigt!

Beachten Sie beim Ausschneiden eine Nahtzugabe von ca. 5 mm.

Die Öffnung für das Stopfen ist jeweils durch kurze Striche am Rand der Schnittmuster gekennzeichnet. Der kurze Bereich zwischen den Strichen ohne Buchstaben ist die Stopföffnung.

Die Verwendung des Schnittmusters ist nur für den privaten Gebrauch zugelassen. Eine Weitergabe ist ebenfalls ausgeschlossen.

Bernhard

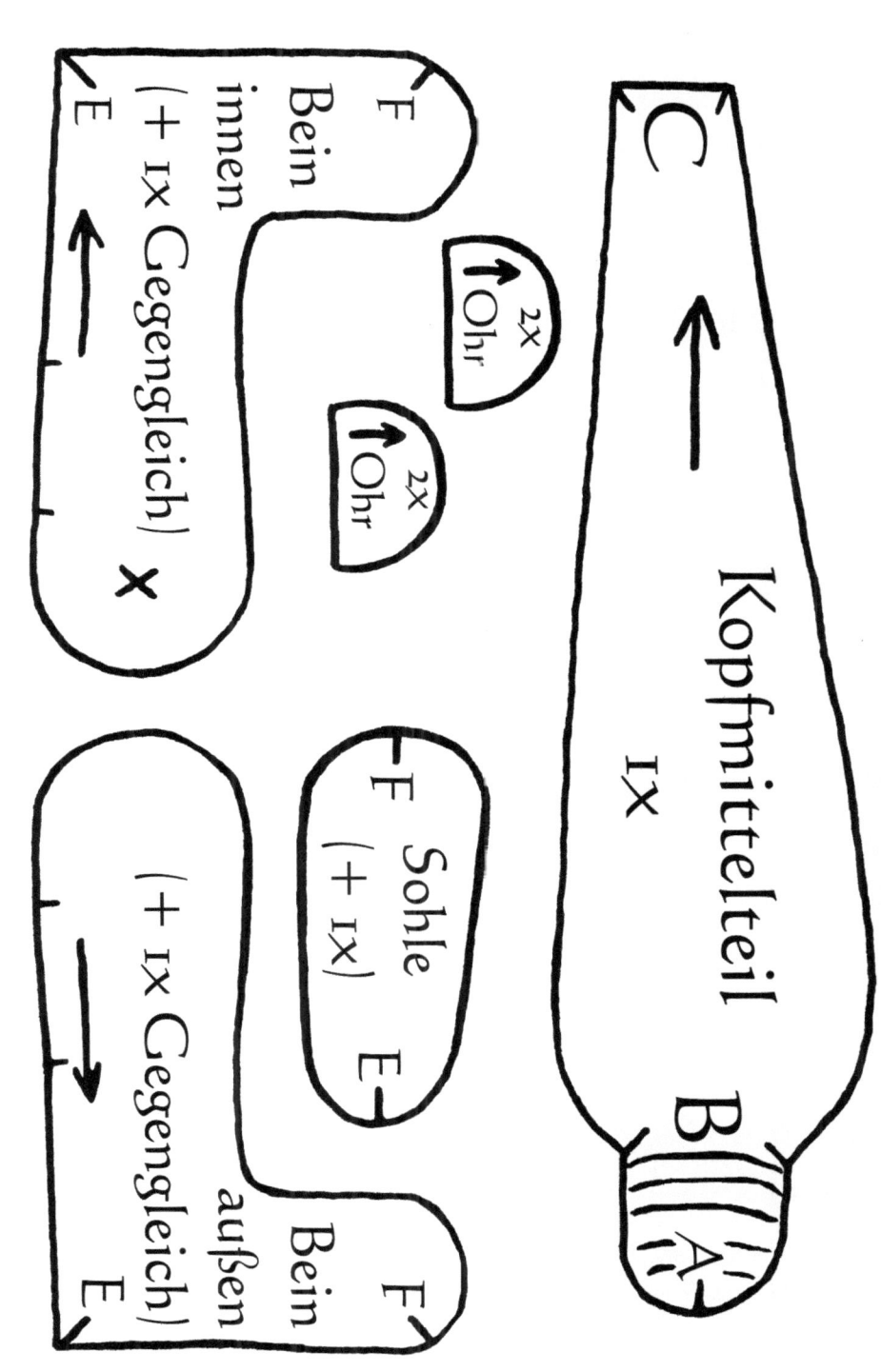

Rückseite

Bernhard

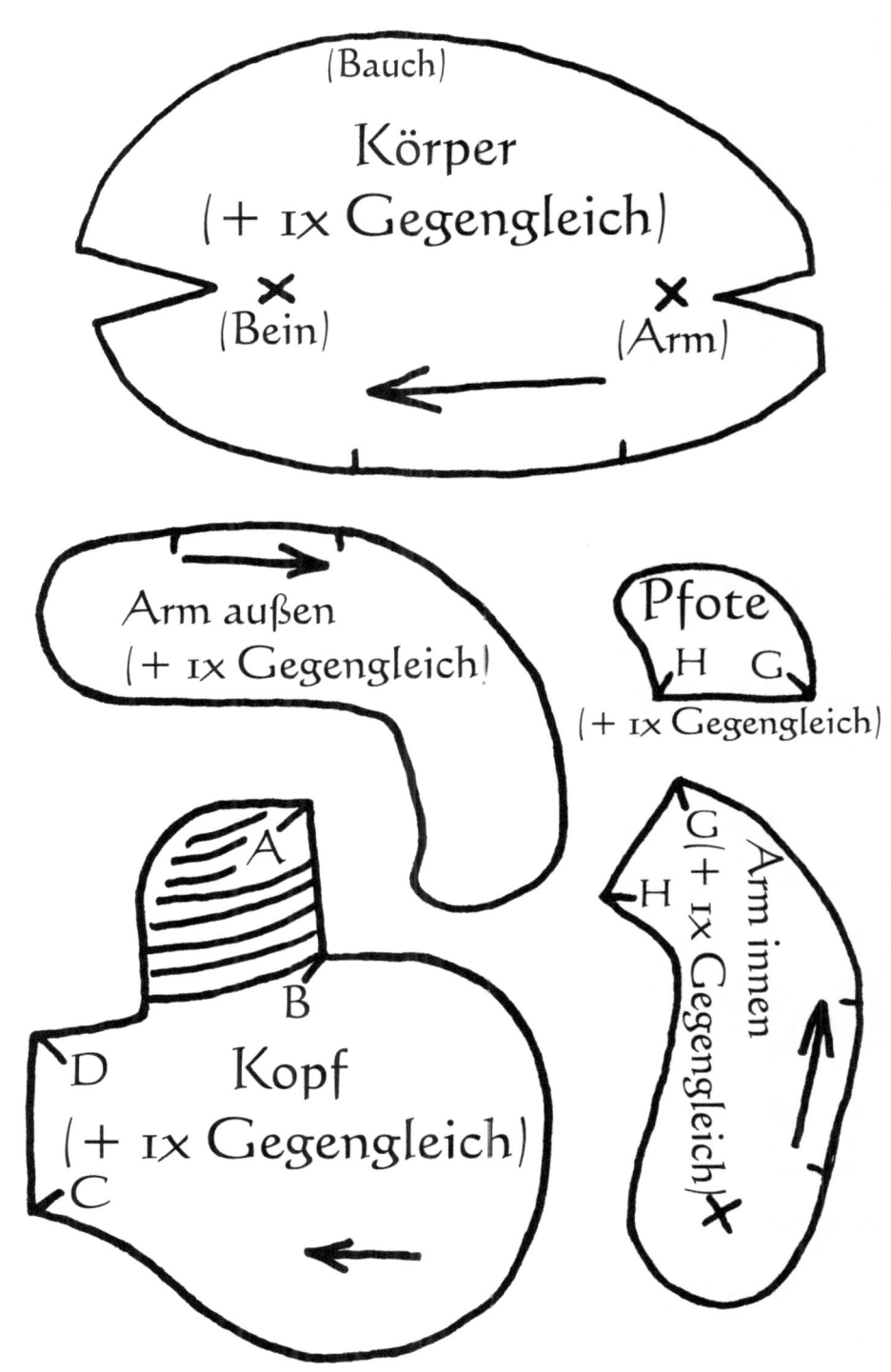

Rückseite

Bernhard

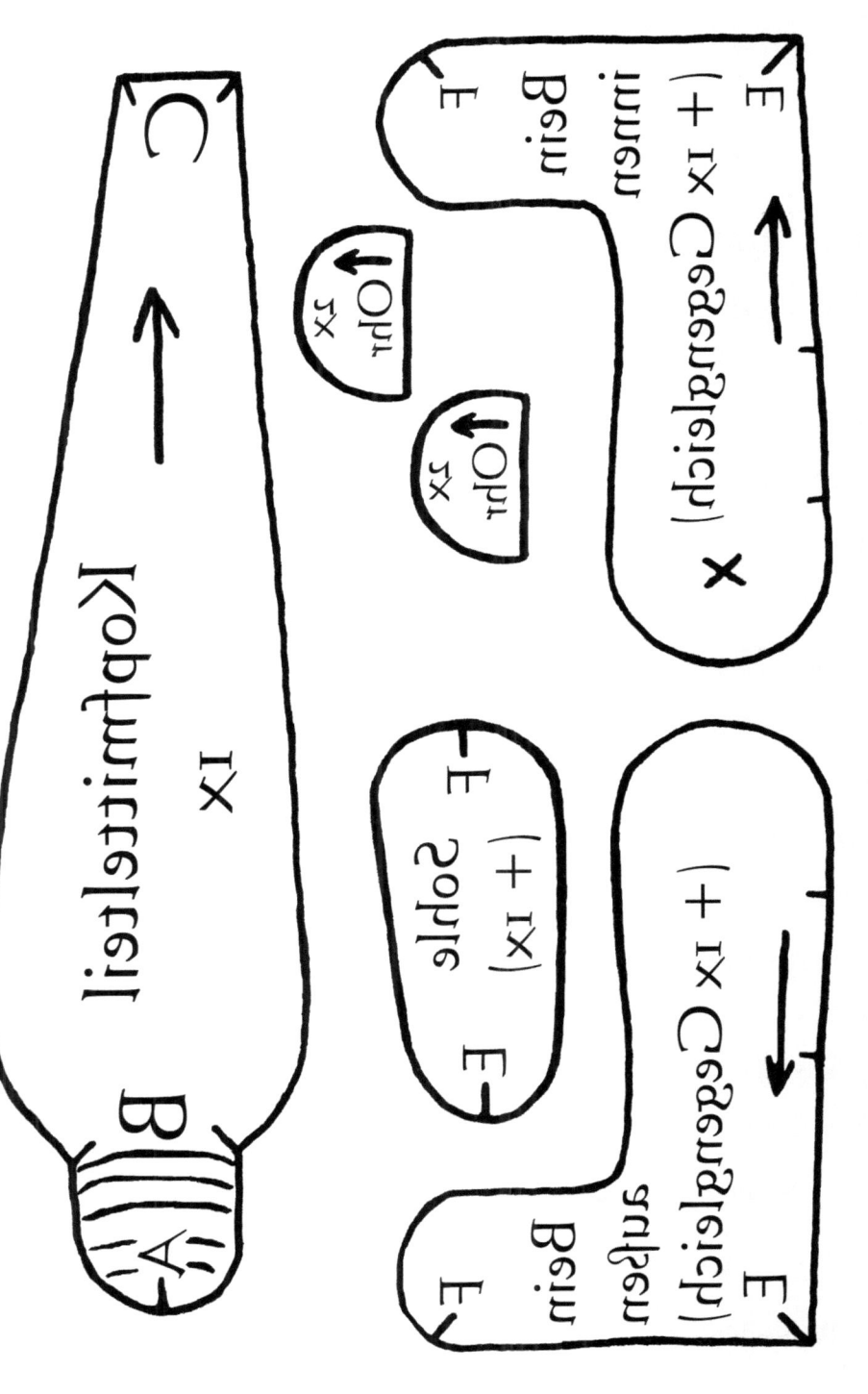

C

Kopfmittelteil
1x

B

A

(Gegengleich)
1x
innen
mein

E

E

(Gegengleich) 1x +
mein
innen

E

E

Ohr
1x

Ohr
1x

Sohle
(1x) 1x +
mein

E

E

E

(Gegengleich) 1x +
mein
aussen

E

E

Rückseite

Bernhard

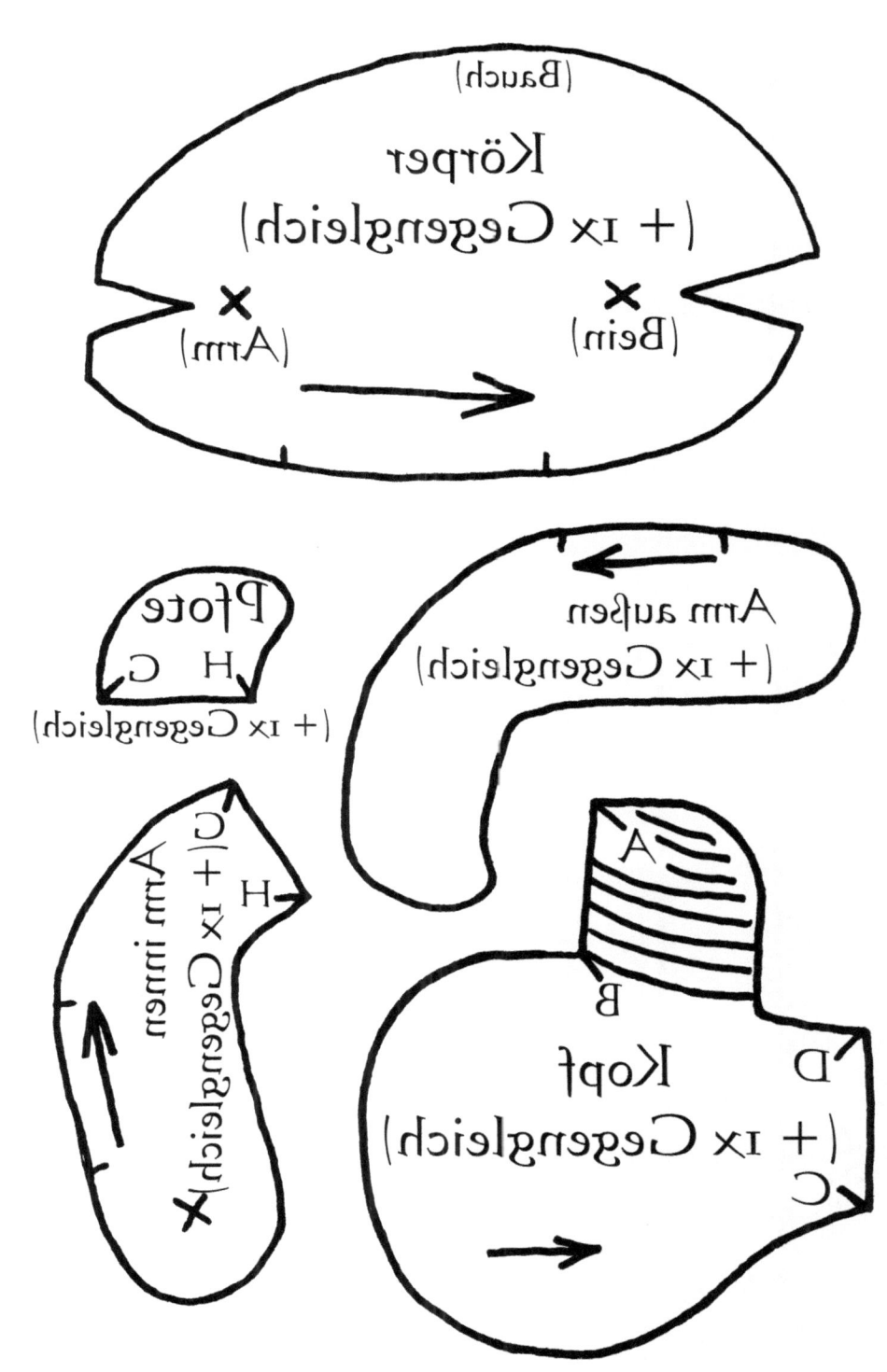

Rückseite

Bernhard

Der Musterbogen - Kopie

Wir haben hier den Schnittmusterbogen noch einmal abgebildet, falls beim Ersten etwas schief gegangen ist. Auch dieser ist 1:1 zu verwenden.

Bernhard

Bernhard

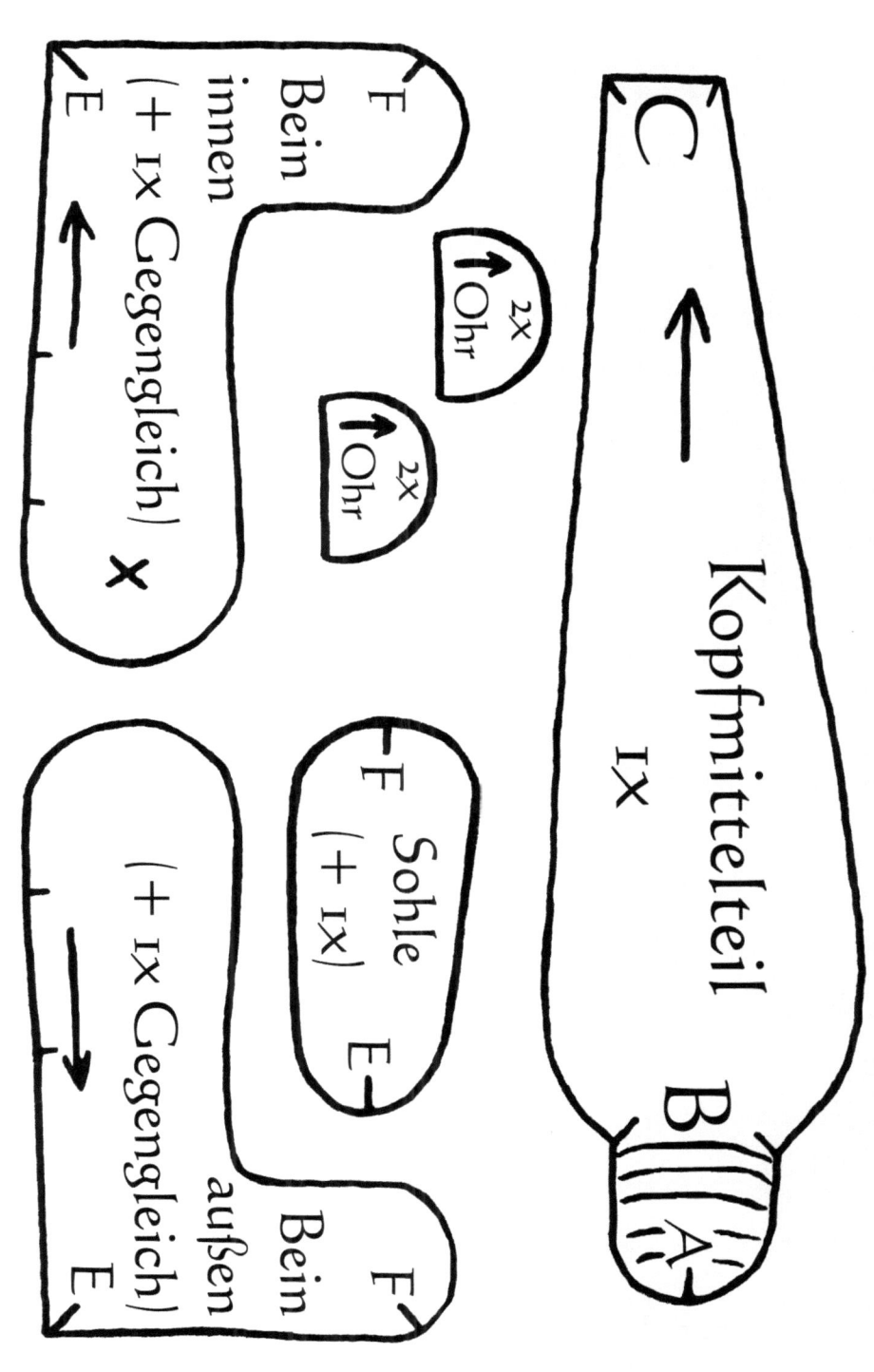

Rückseite

Bernhard

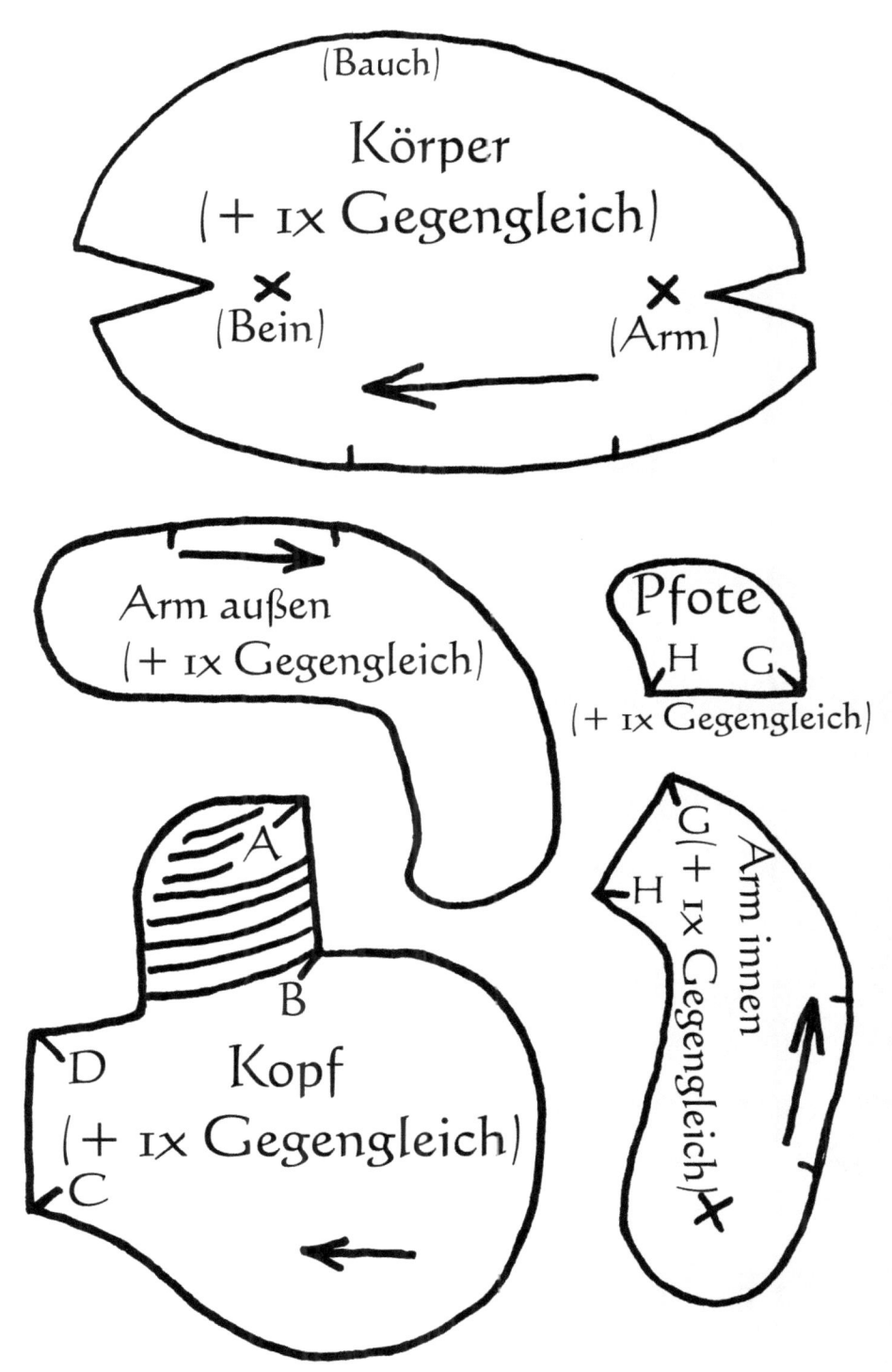

Rückseite

Bernhard

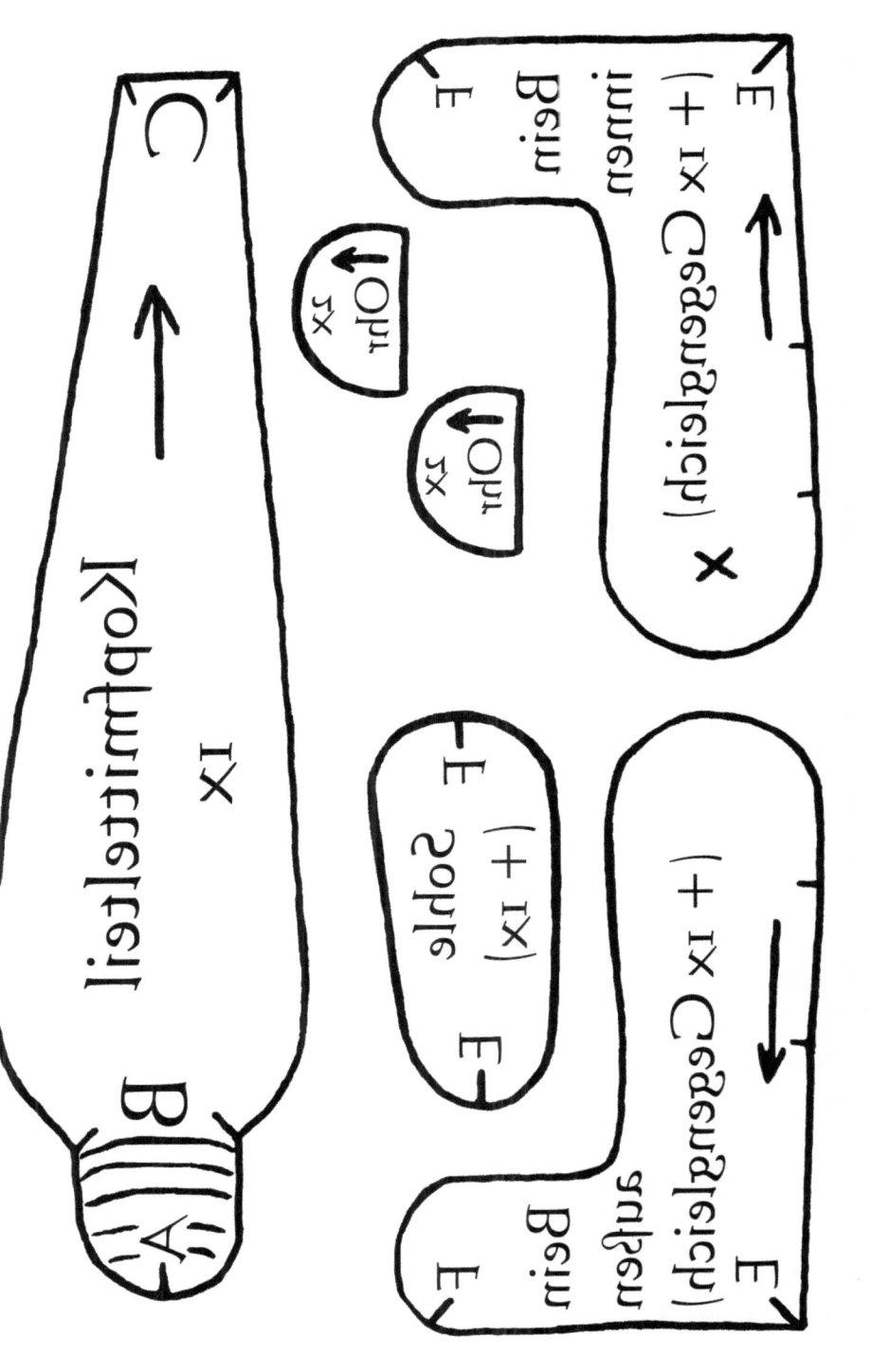

Rückseite

Bernhard

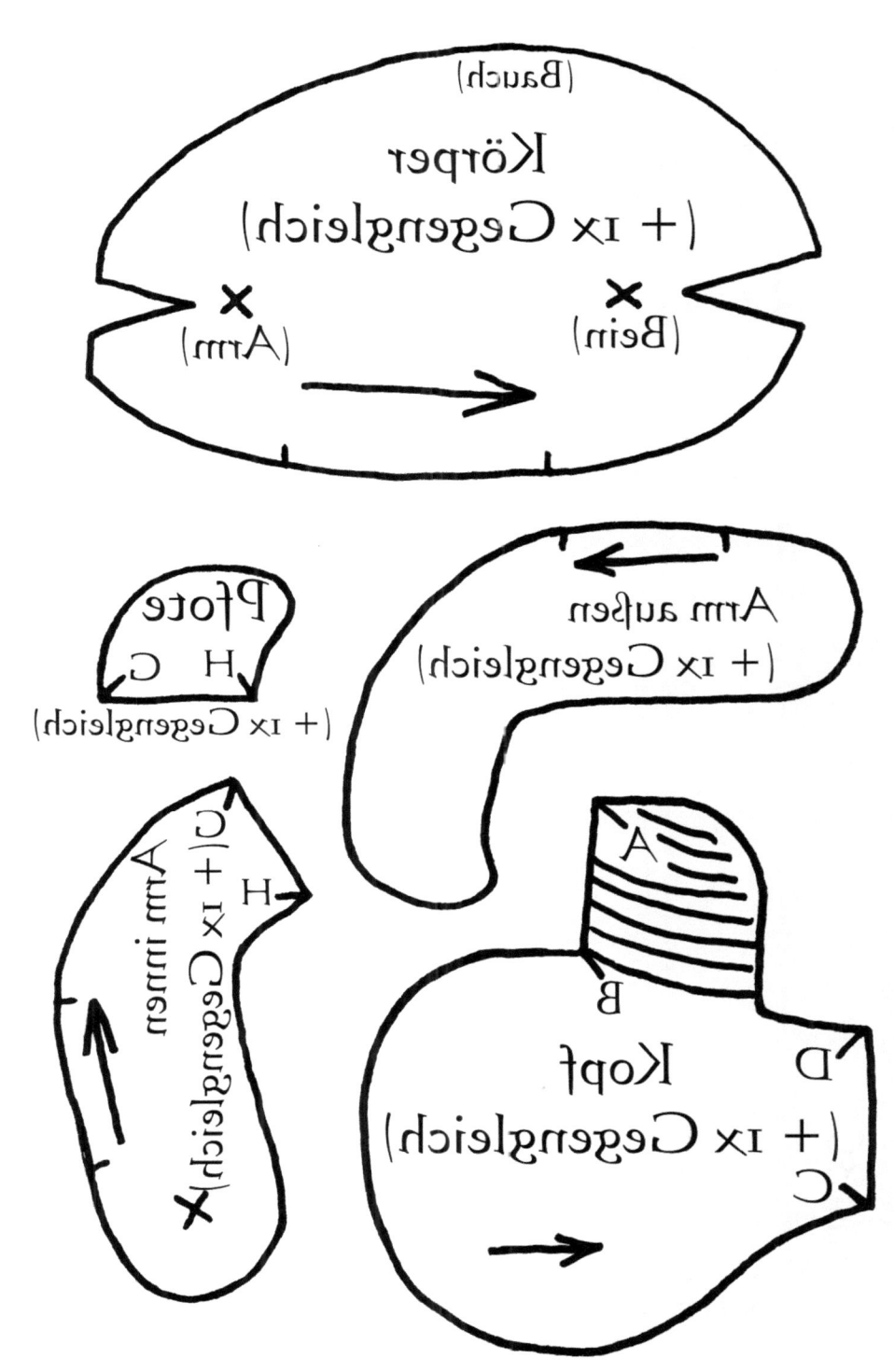

Rückseite

Bernhard

Ihre Notizen

Bernhard

Bernhard

Bernhard

Bernhard

Bernhard

Bernhard

Bernhard

Bernhard

Bernhard

Bernhard

Bernhard

Bernhard

Bernhard

Bernhard

Bernhard

Bernhard